Impressum
Verlag: BABADADA GmbH, Nedderfeld 112 , 22529 Hamburg
Geschäftsführer / Verlagsleitung: Harald Hof
Druck: Books on Demand GmbH, In de Tarpen 42, 22848 Norderstedt

Imprint
Publisher: BABADADA GmbH, Nedderfeld 112 , 22529 Hamburg, Germany
Managing Director / Publishing direction: Harald Hof
Print: Books on Demand GmbH, In de Tarpen 42, 22848 Norderstedt

diviser
除

186/2

tableau noir
黑板

salle de classe
教室

cour de récréation
校園

enseignant
老師

papier
紙

écrire
書寫

stylo
筆

bureau
辦公桌

règle
直尺

livre
書

élève
學生

sac d'école

書包

trousse

鉛筆盒

crayon

鉛筆

taille-crayon

削鉛筆機

gomme

橡皮擦

carnet à dessin

畫板

dessin

圖畫

pinceau

畫筆

boîte de peinture

顏料盒

ciseaux

剪刀

colle

膠水

cahier d'exercices

練習冊

tâches

家庭作業

chiffre

數字

additionner

加

soustraire

減

multiplier

乘

calculer

計算

lettre

字母

alphabet

字母表

mot

字

texte

課文

lire

讀

craie

粉筆

leçon

上課

livre de classe

登記

examen

考試

certificat

證書

uniforme scolaire

校服

formation

教育

lexique

百科全書

université

大學

microscope

顯微鏡

carte

地圖

corbeille à papier

廢紙簍

hôtel
飯店

auberge
▶ 青年旅社

bureau de change
外幣兌換處

valise
▶ 手提箱

voiture
汽車

langue

語言

oui / non

是/否

d'accord

好的

Salut

您好

interprète

翻譯人員

merci

謝謝

Combien coûte...?

......多少錢？

Je ne comprends pas

我不明白

problème

問題

Bonsoir!

晚上好！

Bonjour!

早上好！

Bonne nuit!

晚安！

Au revoir

再見

direction

方向

bagages

行李

sac

包

sac-à-dos

背包

hôte

客人

pièce

房間

sac de couchage

睡袋

tente

帳篷

office de tourisme

旅行資訊

plage

海灘

carte de crédit

信用卡

petit-déjeuner

早餐

déjeuner

午餐

dîner

晚餐

billet

票

ascenseur

電梯

timbre

郵票

frontière

邊界

douane

海關

ambassade

大使館

visa

簽證

passeport

護照

avion
飛機

navire
船

véhicule de pompiers
消防車

bus
公車

camion
卡車

bateau à moteur
汽艇

voiture
汽車

bicyclette
腳踏車

ferry
渡輪

barque
小船

moto
機車

voiture de police
警車

voiture de course
賽車

voiture de location
租車

autopartage

拼車

dépanneuse

拖車

benne à ordures

垃圾車

moteur

馬達

essence

汽油

station d'essence

加油站

panneau indicateur

交通標識

trafic

交通

embouteillage

交通堵塞

parking

停車場

gare

火車站

rails

軌道

train

火車

tram

路面電車

wagon

客車廂

hélicoptère

直升機

aéroport

機場

tour

塔

passager

乘客

container

集裝箱

carton

紙板箱

chariot

手推車

corbeille

籃子

décoller / atterrir

起飛/降落

ville

城市

village

村莊

centre-ville

市中心

maison

房子

cinéma
電影院

publicité
廣告

CINEMA

réverbère
路燈

rue
街道

taxi
計程車

kiosque
小吃店

piéton
行人

trottoir
人行道

passage piéton
斑馬線

poubelle
垃圾箱

carrefour
十字路口

feux de circulation
紅綠燈

cabane

小屋

appartement

公寓

gare

火車站

mairie

市政廳

musée

博物館

école

學校

ville － 城市

université

大學

banque

銀行

hôpital

醫院

hôtel

飯店

pharmacie

藥房

bureau

辦公室

librairie

書店

magasin

商店

fleuriste

花店

supermarché

超市

marché

市場

grand magasin

百貨商店

poissonnerie

魚店

centre commercial

購物中心

port

海港

parc

公園

banque

長凳

pont

橋

escaliers

樓梯

métro

捷運

tunnel

隧道

arrêt de bus

公車站

bar

酒吧

restaurant

餐館

boîte à lettres

郵筒

panneau indicateur

路標

parcomètre

停車計時器

zoo

動物園

réverbère

游泳池

mosquée

清真寺

ville - 城市

ferme

農場

pollution

污染

cimetière

墓地

église

教堂

aire de jeux

操場

temple

寺廟

paysage
地形

feuille
樹葉

panneau indicateur
指示牌

chemin
路

pré
草地

pierre
石頭

randonneur
徒步旅行者

arbre
樹

rivière
河

herbe
草

fleur
花

vallée

峽谷

montagne

丘陵

lac

湖

forêt

森林

désert

沙漠

volcan

火山

château

城堡

arc-en-ciel

彩虹

champignon

蘑菇

palmier

棕櫚樹

moustique

蚊子

mouche

蒼蠅

fourmis

螞蟻

abeille

蜜蜂

araignée

蜘蛛

scarabée

甲蟲

grenouille

青蛙

écureuil

松鼠

hérisson

刺蝟

lapin

野兔

chouette

貓頭鷹

oiseau

鳥

cygne

天鵝

sanglier

野豬

cerf

鹿

élan

麋鹿

barrage

水壩

éolienne

風力發電機

panneau solaire

太陽能電池板

climat

氣候

serveur
服務生

menu
菜譜

chaise
椅子

soupe
湯

pizza
披薩餅

services
餐具

nappe
桌布

hors d'œuvre
前菜

plat principal
主菜

dessert
甜點

boissons
飲料

alimentation
食物

bouteille
瓶子

fast-food

速食

plats à emporter

街邊小吃

théière

茶壺

sucrier

糖盒

portion

一份飯菜

machine à expresso

義式咖啡機

chaise haute

高腳椅

facture

帳單

plateau

托盤

couteau

刀

fourchette

餐叉

cuillère

勺子

cuillère à thé

茶匙

serviette

餐巾

verre

玻璃杯

assiette

碟子

assiette à soupe

湯盤

soucoupe

碟子

sauce

醬

salière

鹽瓶

moulin à poivre

胡椒研磨罐

vinaigre

醋

huile

食用油

épices

調味料

ketchup

番茄醬

moutarde

芥末

mayonnaise

美乃滋

offre promotionnelle
特價

client
顧客

produits laitiers
乳製品

FOR

fruits
水果

caddie
購物車

boucherie
肉鋪

boulangerie
麵包店

peser
稱重

légumes
蔬菜

viande
肉

aliments surgelés
冷凍食品

charcuterie

冷盤

conserves

罐頭食品

poudre à lessive

洗衣粉

bonbons

甜食

articménagers

日用品

détergents

清潔用品

vendeuse

銷售員

caisse

收銀機

caissier

收銀員

liste d'achats

購物清單

heures d'ouverture

開放時間

portefeuille

錢包

carte de crédit

信用卡

sac

袋子

sac en plastique

塑膠袋

eau

水

jus de fruit

果汁

lait

牛奶

coca

可樂

vin

紅酒

bière

啤酒

alcool

酒

chocolat chaud

可可

thé

茶

café

咖啡

expresso

義式濃縮咖啡

cappuccino

卡布奇諾

banane

香蕉

pomme

蘋果

orange

柳丁

melon

西瓜

citron

檸檬

carotte

胡蘿蔔

ail

大蒜

bambou

竹子

oignon

洋蔥

champignon

蘑菇

noisettes

堅果

pâtes

麵條

spaghettis

義大利麵

riz

米飯

salade

沙拉

frites

薯條

pommes de terre rôties

炸馬鈴薯

pizza

披薩餅

hamburger

漢堡

sandwich

三明治

escalope

炸豬排

jambon

火腿

salami

義大利臘腸

saucisse

香腸

poulet

雞肉

rôti

烤肉

poisson

魚

flocons d'avoine

燕麥片

muesli

木斯里

cornflakes

玉米片

farine

麵粉

croissant

牛角麵包

petits-pains

麵包捲

pain

麵包

pain grillé

吐司

biscuits

餅乾

beurre

奶油

fromage blanc

凝乳

gâteau

蛋糕

œuf

蛋

œuf au plat

煎蛋

fromage

起司

glace

冰淇淋

sucre

糖

miel

蜂蜜

confiture

果醬

crème nougat

巧克力醬

curry

咖哩

ferme
農舍

botte de paille
稻草捆

grange
糧倉

champ
田野

cheval
馬

remorque
拖車

tracteur
拖拉機

poulain
馬駒

âne
驢

agneau
羔羊

mouton
羊

chèvre
....
山羊

vache
....
奶牛

veau
....
小牛

porc
....
豬

porcelet
....
小豬

taureau
....
公牛

oie

鵝

canard

鴨

poussin

小雞

poule

母雞

coq

公雞

rat

鼠

chat

貓

souris

老鼠

bœuf

牛

chien

狗

chenil

狗屋

tuyau de jardin

花園澆水軟管

arrosoir

澆水壺

faucheuse

長柄大鐮刀

charrue

犁

faucille

鐮刀

pioche

鋤頭

fourche

長柄草耙

hache

斧頭

brouette

獨輪手推車

cuve

飼料槽

pot à lait

牛奶罐

sac

麻布袋

clôture

柵欄

étable

馬廄

serre

溫室

sol

土壤

semences

種子

engrais

肥料

moissonneuse-batteuse

聯合收割機

récolter

收割

récolte

收割

igname

地瓜

blé

小麥

soja

大豆

pomme de terre

土豆

maïs

玉米

colza

油菜籽

arbre fruitier

果樹

manioc

樹薯

céréales

穀物

cheminée
煙囪

toit
屋頂

gouttière
落水管

fenêtre
窗戶

garage
車庫

sonnette
門鈴

porte
門

poubelle
垃圾桶

boîte aux lettres
信箱

jardin
花園

salon
客廳

chambre de bain
浴室

cuisine
廚房

chambre à coucher
臥室

chambre d'enfant
兒童房

salle à manger
餐廳

sol

地板

mur

牆壁

plafond

天花板

cave

地窖

sauna

三溫暖

balcon

陽臺

terrasse

露臺

piscine

游泳池

tondeuse à gazon

割草機

fourre de duvet

被單

couette

床罩

lit

床

balai

掃帚

sceau

水桶

interrupteur

開關

papier peint
壁紙

image
相片

lampe
檯燈

étagère
擱架

armoire
櫥櫃

cheminée
壁爐

télé
電視

fleur
花

coussin
墊子

canapé
沙發

vase
花瓶

télécommande
遙控器

tapis

地毯

rideau

窗簾

table

餐桌

chaise

椅子

chaise à bascule

搖椅

fauteuil

扶手椅

livre

書

couverture

毯子

décoration

裝飾品

bois de chauffage

木柴

film

電影

chaîne hi-fi

高傳真音響

clé

鑰匙

journal

報紙

peinture

油畫

poster

海報

radio

收音機

bloc-notes

筆記本

aspirateur

吸塵器

cactus

仙人掌

bougie

蠟燭

four à micro-ondes
微波爐

frigo
冰箱

balance de cuisine
廚房秤

toasteur
烤麵包機

détergent
洗潔精

four
烤箱

compartiment congélateur
冰櫃

poubelle
垃圾桶

lave-vaisselle
洗碗機

four
炊具

casserole
鍋

marmite
鑄鐵鍋

wok/kadai
炒鍋

poêle
平底鍋

bouilloire électrique
水壺

cuiseur vapeur

蒸鍋

plaque de cuisson

烤盤

vaisselle

陶瓷鍋

gobelet

馬克杯

bol

碗

baguettes

筷子

louche

長柄勺

spatule

鏟子

fouet

攪拌器

passoire

濾網

tamis

篩子

râpe

磨碎機

mortier

研缽

barbecue

燒烤

cheminée

明火

planche à découper

菜板

rouleau à pâtisserie

擀麵杖

tire-bouchon

開瓶器

boîte

罐子

ouvre-boîte

開罐器

maniques

隔熱手套

lavabo

水槽

brosse

刷子

éponge

海綿

mixeur

攪拌機

congélateur

冷藏箱

biberon

奶瓶

robinet

水龍頭

chauffage
供暖裝置

douche
淋浴

serviette
毛巾

rideau de douche
浴簾

bain moussant
泡沫浴

baignoire
浴缸

verre
玻璃杯

machine à laver
洗衣機

carrelage
瓷磚

robinet
水龍頭

pot
便壺

lavabo
水槽

toilettes
廁所

toilette à turque
蹲便器

bidet
坐浴器

urinoir
小便斗

papier toilette
廁紙

brosse à toilette
馬桶刷

brosse à dents

牙刷

dentifrice

牙膏

fil dentaire

牙線

laver

洗

douche manuelle

手持式蓮蓬頭

douche intime

沖洗器

vasque

洗臉盆

brosse dorsale

洗背刷

savon

肥皂

gel douche

沐浴露

shampooing

洗髮乳

gant de toilette

法蘭絨

écoulement

排水

crème

乳霜

déodorant

除臭劑

miroir

鏡子

miroir cosmétique

手鏡

rasoir

刮鬍刀

mousse à raser

刮鬍泡沫

après-rasage

鬚後水

peigne

梳子

brosse

刷子

sèche-cheveux

吹風機

laque pour cheveux

噴髮定型劑

fond de teint

化妝品

rouge à lèvres

唇膏

vernis à ongles

指甲油

ouate

化妝棉

coupe-ongles

指甲剪

parfum

香水

chambre de bain - 浴室

trousse de toilette

洗漱包

tabouret

凳子

balance

計重秤

peignoir

浴袍

gants de nettoyage

橡膠手套

tampon

衛生棉條

serviettes hygiéniques

衛生棉

toilette chimique

化學廁所

réveil
鬧鐘

doudou
毛絨玩具

voiture jouet
玩具車

hochet
撥浪鼓

maison de poupée
玩具屋

cadeau
禮物

ballon

氣球

lit

床

poussette

嬰兒車

jeu de cartes

撲克牌

puzzle

拼圖

bande dessinée

漫畫

pièces lego

樂高積木

blocs de construction

積木玩具

figurine

公仔

grenouillère

嬰兒服

frisbee

飛盤

mobile

床鈴玩具

jeu de société

棋盤遊戲

dé

骰子

train miniature

火車模型

sucette

安撫奶嘴

fête

派對

livre d'images

繪本

balle

球

poupée

洋娃娃

jouer

玩

bac à sable

沙坑

balançoire

鞦韆

jouets

玩具

console de jeu

電玩遊戲

tricycle

三輪車

ours en peluche

泰迪熊

armoire

衣櫃

vêtements

衣服

chaussettes

襪子

bas

長襪

collant

緊身褲

écharpe
圍巾

parapluie
雨傘

t-shirt
T恤

ceinture
皮帶

bottes
靴子

pantoufles
拖鞋

baskets
運動鞋

sandales
涼鞋

chaussures
鞋

bottes de caoutchouc
雨靴

linge de corps
內褲

soutien-gorge
胸罩

maillot de corps
背心

body

身體

pantalon

褲子

jean

牛仔褲

jupe

短裙

chemisier

女式襯衫

chemise

襯衫

pull

套頭衫

pull-over à capuche

連帽上衣

veste

西裝夾克

veste

夾克

manteau

外套

imperméable

雨衣

costume

套裝

robe

連衣裙

robe de mariée

婚紗

costume

西裝

chemise de nuit

睡袍

pyjama

睡衣

sari

莎麗

foulard

頭巾

turban

包頭巾

burqa

波卡

caftan

卡夫坦

abaya

(阿拉伯式)長袍

maillot de bain

泳衣

costume de bain

男式泳褲

cuissettes

短褲

tenue d'entraînement

運動服

tablier

圍裙

gants

手套

bouton

鈕扣

lunettes

眼鏡

bracelet

手鏈

collier

項鍊

bague

戒指

boucle d'oreille

耳環

bonnet

便帽

cintre

衣架

chapeau

帽子

cravate

領帶

fermeture éclair

拉鍊

casque

安全帽

bretelles

背帶

uniforme scolaire

校服

uniforme

制服

bavoir

圍兜

sucette

安撫奶嘴

couche

尿布

serveur
伺服器

armoire d'archivage
檔案櫃

imprimante
印表機

papier
紙

écran
螢幕

souris
滑鼠

bureau
辦公桌

classeur
資料夾

clavier
鍵盤

corbeille à papier
廢紙簍

ordinateur
電腦

chaise
椅子

tasse à café

咖啡杯

calculatrice

計算機

internet

網際網路

ordinateur portable

筆記型電腦

lettre

信件

message

簡訊

portable

行動電話

réseau

網路

photocopieuse

影印機

logiciel

軟體

téléphone

電話

prise

插座

fax

傳真機

formulaire

表格

document

檔案

acheter

買

payer

付錢

marchander

交易

monnaie

現金

dollar

美元

euro

歐元

yen

日元

rouble

盧布

franc suisse

瑞士法郎

renminbi yuan

人民幣

roupie

盧比

distributeur automatique

提款處

bureau de change

外幣兌換處

or

金

argent

銀

pétrole

石油

énergie

能源

prix

價格

contrat

合約

taxe

稅金

action

股票

travailler

工作

employé

職員

employeur

老闆

usine

工廠

magasin

商店

agent de police
警官

pompier
消防員

pilote
飛行員

cuisinier
廚師

médecin
醫師

jardinier

園丁

menuisier

木匠

couturière

裁縫

juge

法官

chimiste

化學家

acteur

演員

conducteur de bus

公車司機

chauffeur de taxi

計程車司機

pêcheur

漁夫

femme de ménage

清洗女工

couvreur

屋頂工

serveur

服務生

chasseur

獵人

peintre

畫家

boulanger

麵包師

électricien

電工

ouvrier

建築工人

ingénieur

工程師

boucher

屠夫

plombier

水管工

facteur

郵差

soldat

士兵

architecte

建築師

caissier

收銀員

fleuriste

花農

coiffeur

理髮師

contrôleur

售票員

mécanicien

機械技師

capitaine

船長

dentiste

牙醫

scientifique

科學家

rabbin

拉比

imam

伊瑪目

moine

和尚

prêtre

牧師

professions - 職業

marteau
鐵錘

pinces
鉗子

tournevis
螺絲起子

clé
扳手

torche
手電筒

pelleteuse

挖掘機

boîte à outils

工具箱

échelle

梯子

scie

鋸子

clous

釘子

perceuse

鑽機

réparer

修

pelle

鏟子

Mince!

糟糕！

pelle

畚箕

pot de peinture

油漆桶

vis

螺絲

instruments de musique
樂器

haut-parleur
揚聲器

batterie
打擊樂器

guitare
吉他

contrebasse
低音提琴

trompette
小號

piano

鋼琴

violon

小提琴

basse

貝斯

timbales

定音鼓

tambour

鼓

piano électrique

電子琴

saxophone

薩克斯風

flûte

長笛

microphone

麥克風

tigre
老虎

entrée
入口

cage
籠子

zèbre
斑馬

alimentation animale
動物飼料

panda
熊貓

animaux

動物

éléphant

大象

kangourou

袋鼠

rhinocéros

犀牛

gorille

大猩猩

ours

熊

chameau

駱駝

autruche

鴕鳥

lion

獅子

singe

猴子

flamand rose

紅鶴

perroquet

鸚鵡

ours polaire

北極熊

pingouin

企鵝

requin

鯊魚

paon

孔雀

serpent

蛇

crocodile

鱷魚

gardien de zoo

動物園管理員

phoque

海豹

jaguar

美洲豹

poney

矮種馬

léopard

豹

hippopotame

河馬

girafe

長頸鹿

aigle

老鷹

sanglier

野豬

poisson

魚

tortue

龜

morse

海象

renard

狐狸

gazelle

羚羊

american Football
橄欖球

cyclisme
騎腳踏車

tennis
網球

basket-ball
籃球

natation
游泳

boxe
拳擊

hockey sur glace
冰球

football
美式足球

badminton
羽毛球

athlétisme
田徑

handball
手球

ski
滑雪

polo
馬球

sauter
跳

embrasser
擁抱

rire
笑

chanter
唱

marcher
走路

prier
祈禱

faire la bise
親吻

rêver
做夢

écrire
書寫

dessiner
畫

montrer
展示

pousser
推

donner
給

prendre
拿

avoir

有

faire

做

être

當

être debout

站

courir

跑

trier

拉

jeter

丟

tomber

摔倒

être couché

躺

attendre

等待

porter

攜帶

être assis

坐

s'habiller

穿衣

dormir

睡覺

se réveiller

醒來

activités - 活動

regarder

看

pleurer

哭

caresser

擊

peigner

梳頭

parler

交談

comprendre

明白

demander

問

écouter

聽

boire

喝

manger

吃

ranger

清理

aimer

愛

cuire

做飯

conduire

開車

voler

飛

faire de la voile

航行

calculer

計算

lire

讀

apprendre

學習

travailler

工作

se marier

結婚

coudre

縫

se brosser les dents

刷牙

tuer

殺

fumer

抽菸

envoyer

寄

grand-mère
祖母

grand-père
祖父

père
父親

mère
母親

bébé
嬰兒

fille
女兒

fils
兒子

hôte
客人

tante
阿姨

oncle
叔叔

frère
兄弟

sœur
姐妹

front
前額

œil
眼睛

épaule
肩膀

doigt
手指

visage
臉

menton
下巴

main
手

poitrine
乳房

jambe
腿

bras
手臂

bébé
嬰兒

homme
男人

femme
女人

fille
女孩

garçon
男孩

tête
頭

dos

背部

ventre

肚子

nombril

肚臍

orteil

腳趾

talon

腳後跟

os

骨頭

hanche

臀部

genou

膝蓋

coude

手肘

nez

鼻子

fesses

屁股

peau

皮膚

joue

臉頰

oreille

耳朵

lèvre

嘴唇

bouche

嘴

dent

牙齒

langue

舌頭

cerveau

腦

cœur

心臟

muscle

肌肉

poumons

肺

foie

肝臟

estomac

胃

reins

腎臟

rapport sexuel

性交

préservatif

保險套

ovule

卵子

sperme

精子

grossesse

懷孕

menstruation

月事

vagin

陰道

pénis

陰莖

sourcil

眉毛

cheveux

頭髮

cou

脖子

hôpital
醫院

ambulance
急救車

fauteuil roulant
輪椅

fracture
骨折

médicine

médecin
醫師

service des urgences
急診室

infirmière
護理師

urgence
緊急情形

inconscient
昏迷

douleur
痛

blessure

受傷

hémorragie

出血

crise cardiaque

心臟病發作

attaque cérébrale

中風

allergie

過敏

toux

咳嗽

fièvre

發燒

grippe

流感

diarrhée

腹瀉

mal de tête

頭痛

cancer

癌症

diabète

糖尿病

chirurgien

外科醫師

scalpel

手術刀

opération

手術

CT

電腦斷層掃描

radiographie

X光

échographie

超音波

masque

口罩

maladie

疾病

salle d'attente

候診室

béquille

拐杖

pansement

石膏

pansement

繃帶

injection

注射

stéthoscope

聽診器

brancard

擔架

thermomètre

體溫計

accouchement

出生

surpoids

超重

appareil auditif

助聽器

désinfectant

消毒液

infection

感染

virus

病毒

VIH / sida

愛滋病

médicament

藥物

vaccination

接種疫苗

tablettes

藥片

pilule

藥丸

appel d'urgence

急救電話

tensiomètre

血壓計

malade / sain

生病/健康

Au secours!
救命！

alarme
警報

agression
突擊

attaque
攻擊

danger
危險

sortie de secours
緊急出口

Au feu!
失火了！

extincteur
滅火器

accident
意外

trousse de premier secours

急救箱

SOS
呼救訊號

police
員警

Europe

歐洲

Amérique du Nord

北美洲

Amérique du Sud

南美洲

Afrique

非洲

Asie

亞洲

Australie

澳洲

Océan atlantique

大西洋

Océan pacifique

太平洋

Océan indien

印度洋

Océan antarctique

南冰洋

Océan arctique

北冰洋

Pônord

北極

Pôsud

南極

Antarctique

南極洲

terre

地球

pays

陸地

mer

海

île

島

nation

國家

état

州

terre - 地球

cadran

錶盤

aiguille des heures

時針

aiguille des minutes

分針

aiguille des secondes

秒針

Quelle heure est-il?

現在幾點？

jour

天

temps

時間

maintenant

現在

montre digitale

電子錶

minute

分

heure

時

lundi 週一
mercredi 週三
vendredi 週五
mardi 週二
jeudi 週四
samedi 週六
dimanche 週日

hier
昨天

aujourd'hui
今天

demain
明天

matin
早晨

midi
中午

soir
晚上

jours ouvrables
工作日

week-end
週末

pluie
雨

arc-en-ciel
彩虹

neige
雪

vent
風

printemps
春

automne
秋

été
夏

hiver
冬

météo

天氣預告

thermomètre

溫度計

lumière du soleil

陽光

nuage

雲

brouillard

霧

humidité

潮濕

foudre

閃電

tonnerre

打雷

tempête

風暴

grêle

冰雹

mousson

季風

inondation

洪水

glace

冰

janvier

一月

février

二月

mars

三月

avril

四月

mai

五月

juin

六月

juillet

七月

août

八月

septembre

九月

octobre

十月

novembre

十一月

décembre

十二月

formes

形狀

cercle

圓形

carré

正方形

rectangle

長方形

triangle

三角形

sphère

球體

cube

立方體

blanc

白

jaune

黃

orange

橙

rose

粉

rouge

紅

violet

紫

bleu

藍

vert

綠

marron

棕

gris

灰

noir

黑

beaucoup / peu

很多/少許

fâché / calme

生氣/平靜

joli / laid

美/醜

début / fin

首/尾

grand / petit

大/小

clair / obscure

明/暗

frère / sœur

兄弟/姐妹

propre / sale

乾淨/骯髒

complet / incomplet

完整/缺失

jour / nuit

白天/晚上

mort / vivant

死/生

large / étroit

寬/窄

comestible / incomestible

可食用/非食用

méchant / gentil

邪惡/善良

excité / ennuyé

興奮/無聊

gros / mince

胖/瘦

premier / dernier

第一/最後

ami / ennemi

朋友/敵人

plein / vide

滿/空

dur / souple

硬/軟

lourd / léger

重/輕

faim / soif

餓/渴

malade / sain

生病/健康

illégal / légal

非法/合法

intelligent / stupide

聰明/愚笨

gauche / droite

左/右

proche / loin

近/遠

nouveau / usé

新/舊

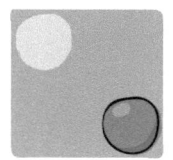

rien / quelque chose

沒有/有些

vieux / jeune

老/幼

marche / arrêt

開/關

ouvert / fermé

打開/闔上

faible / fort

安靜/吵鬧

riche / pauvre

富/窮

correct / incorrect

對/錯

rugueux / lisse

粗糙/光滑

triste / heureux

傷心/高興

court / long

短/長

lent / rapide

慢/快

mouillé / sec

濕/乾

chaud / froid

溫暖/涼爽

guerre / paix

戰爭/和平

0

zéro

零

1

un

一

2

deux

二

3

trois

三

4

quatre

四

5

cinq

五

6

six

六

7

sept

七

8

huit

八

9

neuf

九

10

dix

十

11

onze

十一

12
douze
十二

13
treize
十三

14
quatorze
十四

15
quinze
十五

16
seize
十六

17
dix-sept
十七

18
dix-huit
十八

19
dix-neuf
十九

20
vingt
二十

100
cent
百

1.000
mille
千

1.000.000
million
百萬

anglais

英語

anglais américain

美式英語

chinois mandarin

普通話

hindi

印地語

espagnol

西班牙語

français

法語

arabe

阿拉伯語

russe

俄語

portugais

葡萄牙語

bengali

孟加拉語

allemand

德語

japonais

日語

je

我

tu

你

il / elle

他/她/它

nous

我們

vous

你們

ils / elles

他們

qui?

誰？

quoi?

什麼？

comment?

如何？

où?

何處？

quand?

何時？

nom

名字

derrière

後面

dans

裡面

devant

前面

au-dessus

上方

sur

上面

en-dessous

下麵

à côté de

旁邊

entre

中間

lieu

地點